강상중 시집

흙과 바람, 시간을 품고

강상중 시집

흙과 바람, 시간을 품고

발 행 일	2025년 11월 20일
지 은 이	강상중
발 행 인	이문희
발 행 처	도서출판 곰단지
주　　소	52818 경남 진주시 동부로 169번길 12, A동 1007호
전　　화	070-7677-1622
I S B N	979-11-94688-16-7 (03810)

이 책은 저작권법에 따라 보호를 받는 저작물이므로 무단 전제와 무단 복제를 금합니다.
이 책 내용의 일부를 이용하려면 반드시 저작권자와 출판사의 서면동의를 받아야합니다.

흙과 바람,
시간을 품고

강상중 시집

곰단지

들어가며

오래된 연필, 다시 깨어나 흙에 스민다

오래된 연필이 다시 깨어나 흙에 스밉니다.

수십 년 마음속에 품어 끄적이던 글들은 때로 부질없다 여겨져 먼지 속에 묻히기도, 잊히기도 했습니다. 그러나 2025년 글쓰기의 향기는 제 안에 잠자던 오래된 연필을 다시 깨웠습니다. 숙성된 마음의 언어들은 마침내 시(詩)의 옷을 입고 세상으로 나아갑니다.

저는 늘 "읽는 독자는 프로이고, 쓰는 작가는 아마추어"라는 믿음을 가슴에 새기며 살아왔습니다. 이 시집에는 진주시 정촌면 예하리에서 뿌리내린 저의 삶의 기록을 담았습니다. 제 삶은 땅과 하늘 농사와 사람들 속에서 써 내려간 한 편의 서정시와도 같습니다.

이 책은 다섯 갈래의 주제로 나뉘어, 삶의 순환을 고스란히 담고 있습니다.
제1부 〈태초의 뜰에서〉 — 자연의 아름다움과 생명의 신비를 노래하며, 제2부 〈흙의 고백〉 — 흙을 일구고 수확하는 농부의 삶을 그리며, 제3부 〈벗들의 미소〉 — 이웃과 더불어 살아가는 따뜻한 풍경을 담으며, 제4부 〈시간의 무늬〉 — 사색과 일상의 깨달음을 표현하며, 제5부 〈노을빛

담은 이야기〉 ─ 인간의 근원에 대한 성찰을 담았습니다.

 고향의 산증인이자 뿌리 깊은 나무로, 이제는 고즈넉이 책을 읽고 사색하는 시간 속에서 저의 시가 천천히 익어가고 있습니다. 부디 이 시집이 독자님의 마음에 잔잔한 울림으로 다가가길… 삶의 어느 순간, 작은 위로와 감동으로 머물길 소망합니다.

 삶의 아름다운 순간들을 함께 나누고자 한 시인의 순수한 마음이 독자님의 하루에도 미소로 스며들기를 바랍니다. 이제 저의 흙과 사람의 이야기가 담긴 페이지들을 독자님께 건넵니다. 이 시집이 세상에 태어날 수 있도록 함께해주신 모든 분께 진심으로 감사드립니다.

2025년 11월
강상중

차례

들어가며   오래된 연필, 다시 깨어나 흙에 스민다   강상중   4

제1부   태초의 뜰에서

정원의 봄	13
비 오는 아침에	14
비가 남기고 간 선물	16
아카시꽃 향기	18
장미의 계절	20
흰 꽃의 계절	22
숲	24
강주 연못	25
모과나무	26
국화처럼	28
명자꽃	29
별과 꽃과 달	30
오늘은 하지(夏至)	31
바람과 구름 자리	32
비 오는 날	34
꽃과 열매	36

제2부   흙의 고백

흙의 노래 39
망종(芒種) 40
농사도 타이밍이다 42
옥수수를 심으며 44
입하(立夏)에 부쳐 45
노랑이 물드는 때 46
단비 47
참새 48
비의 약속 50
감자 이야기 52
고추밭의 여름 54
농사의 사계 56
농심 59
겨울 배추 60
양배추의 날 62
백로(白露) 64
양파의 노래 65
새벽 찬 공기를 가르며 66

제3부 벗들의 미소

풀을 매는 날	71
달래	72
귀갓길	73
마누라	74
친구	76
삶의 벗	78
할머니의 시간	80
그대, 정길아	82
널 위해 기도한다	84
구룡의 꿈	85
정우회의 노래	86
원우회	87
봄날의 약속	88
바람 속의 용들	90
가을의 파크골프	92
57회	94
바람과 구름의 길	96
비 오는 날, 원주에 서다	98
통영의 기억	100
임실의 하루	102
당구장 밤	105
지리산 거사의 마음	106
진주 남부농협	108

제4부 시간의 무늬

창조주	111
설날에는	112
홍익의 뿌리	114
3월 끝자락에서	116
수마 상처 복구 기도	118
6월 오늘의 기억	120
참깨	122
중복(中伏)의 아침	124
고추	125
8월의 끝에서	126
피는 꽃 지는 꽃의 만남	128
가을의 입구에서	129
감나무	130
한글날에	132
남강에 등불이 흐른다	134
단기 4357	136
상강(霜降)	137
감성이 있어 참 좋다	138
향이 머무는 자리	140
수곡 막걸리	142

제5부 노을빛 담은 이야기

벌초	145
내 안의 귀뚜라미	146
잠 한 줌 치우지 못한 밤	147
그냥이라는 말	148
멀미	150
정갱이	152
짝사랑	154
처서(處暑)	155
협곡의 장송	156
가을비	158
추분(秋分)에 즈음하여	159
비슷해지는 삶	160
소주 사절	162
삶의 노래	164
간절함	165
귀향	166
사유(思惟)	167
천상의 속삭임	168
두려움 없는 삶	169
그렇게 사는 것이다	170
낙엽 소리 들으러	172
온몸으로 피어나는 꽃	174
오늘도 살아 있었다	176

제1부

태초의 뜰에서

자연의 아름다움과 생명의 신비를 노래하며

정원의 봄

정원은
크지만 어지럽지 않고
작지만 옹졸하지 않으며
변하면서도 흐트러지지 않고

고요하지만 머물지 않습니다
남쪽 봄바람이
말없이 축제를 엽니다
조용한 손길로 하루하루를 빚어냅니다

홍매화가 제일 먼저 문을 열고
산수유가 노랗게 손짓합니다
수선화는 햇살을 닮은 미소를 지으며
봄까치꽃은 별빛처럼 반짝입니다

아무 말 없어도
정원은 지금
봄이라는 노래를
가장 고운 목소리로 부르고 있습니다

비 오는 아침에

비 오는 아침
창가에 흐르는 빗소리 따라
조용히 하루를 엽니다

산과 들 꽃불 지핀 봄의 끝자락
4월은 고운 뒷모습을 남기고
이슬처럼 사라지네요

농염한 여인처럼
향기로운 숨결로 다가오는 5월
계절의 황금기 찬란한 순간이
우리 곁에 속삭입니다

해충 하나 없는
적당히 따뜻한 이 기온
살며시 다가와 마음을 어루만지는 이 계절
난 참 좋아합니다

모든 것이 고르게 갖춰진 시간
지금이라는 계절을 맘껏 누리시길

비 오는 아침

두 손 모아 고요히 기도합니다

비가 남기고 간 선물

밤새
하늘은 구름으로 소곤댔지요
다투듯 밀려들던 회색 물결도
비와 함께
조용히 물러났어요

비가 그친 아침
산은 꿈결을 헤치고
고요히 눈을 뜨고
새들은 목을 씻어
첫 노래를 부르기 시작합니다

가뭄에 지쳐
어깨를 축 늘어뜨리던 나무들은
한 줄기 단비에 생기를 되찾고
하늘엔
흰 구름이 말없이 흘러갑니다

대초마을 뒷산의 소나무
어제의 비를 가만히 머금은 채
오늘 아침엔

맑은 눈빛으로
나를 바라봅니다

모든 것이
씻기고 깨어나고 다시 살아나는
이 고요한 순간
비가 남기고 간 선물이에요

아카시꽃 향기

창문을 닫은 방 안에도
스며드는 진한 향기
길가에 흐드러진
아카시꽃이 피었나 봅니다

차를 타고 지나가는 길목마다
차창을 넘어 밀려드는 향기
어릴 적 추억까지 데려오는
아카시의 깊은 숨결이 참 좋습니다

"벚꽃이 만개할 때 이 길을 지나면
눈부신 꿈을 꾸는 듯하지만
아카시 꽃은 조용히
세상 가장 진한 향으로 다가오지요."

벚꽃은 화려한 외모로 빛나고
아카시는 향기로 세상을 물들입니다
사람도 눈길을 끄는 꽃이 되고
마음을 울리는 향기 되어 살아가겠지요

4월 마지막 날

가득 피어난 아카시꽃처럼
당신도 향기롭게 빛나시길

장미의 계절

새벽 고요한 숨결 위로
장미 한 송이가 피어납니다
말없이 피어난 그 붉은 마음 위에
작은 이슬이 조용히 내려앉습니다

그 맑은 방울 속엔
말하지 못한 그리움
다 전하지 못한 사랑이
조금씩 흔들립니다

5월의 중턱
장미가 가장 아름다운 날
로즈데이에
나는 꽃을 들고 당신을 떠올립니다

당신에게 닿지 못한 마음이
장미 향처럼 퍼져가길 바라며
이슬처럼 투명한 진심 하나
조용히 건넵니다

당신의 하루에도

꽃잎 위 이슬처럼 맑은 기쁨이 머물고
행복이 장미처럼
피어났으면 좋겠습니다

흰 꽃의 계절

여름 문턱
아카시 이팝 산딸기
쥐똥나무 꽃이 흐드러지게 핀다

이제 막 피기 시작한 찔레꽃
그윽한 향기로 계절의 정점을 알린다

수목의 절반
초여름에 꽃을 피운다

아카시나무 깊은 꿀
찔레 꽃가루와 향기
쥐똥나무의 짙은 향기

이 모두가 매개 곤충에게
아낌없는 선물이 된다

나도
이 엄청난 축복을 받고도
자연에 돌려줄 것이 없다

가만히 서서
그 향기 속에
마음을 놓아본다

숲

숲속에 들어서면
마음은 잔잔히 맑아지고
몸은 고요히 쉰다

풀잎의 떨림
바람의 숨결만으로도
존재의 가치를 깨닫는다

그 깨달음은
감사의 빛이 되어
내일의 길을 비춘다

강주 연못

봄부터 달려온 긴 세월 위에
연잎의 푸른 숨결도 잠시 머물다 스며들고
꽃대 말라 선 열매들은 지난 여름의 열정을 속삭인다

맑은 햇살도 머물 날 얼마 남지 않았으니
빛 앞에 두 손 모아 간절히 기도하며
혹한을 견디려 땅속 깊이 굵은 뿌리를 키운다

청춘은 흘러가 사라져도
그 속에 심은 기억과 열정은
겨울 너머 다시 오는 봄을 기다리리

모과나무

겨울의 골짜기를 견디며
굵은 나이테마다 바람의 흔적을 새긴다
그 속으로 천천히 피가 돌고
봄이 오면 가지 끝마다
분홍빛 숨결이 피어난다

봄바람이 살짝 스치면
오래 닫혀 있던 봉오리가 열리고
다섯 장의 수줍은 얼굴이
햇살 속에 조용히 인사를 건넨다

그 향기에 취할 새도 없이
봄비 한 줄기 내리면
꽃잎은 순식간에 져 버린다
아픔도 미련도 남기지 않은 채
그 자리엔 열매의 씨앗이 자리 잡는다

여름 내내 햇살을 받아
서서히 향기를 담고
가을이 오면 노랗게 물든 마음으로
세상에 자신의 온기를 내어준다

바구니에 담기고
찻물에 우러나며
겨울의 방안을 향기로 채우는 동안에도
모과나무는 다시 고요한 숨을 고른다

짧은 꽃의 생
더딘 열매의 시간
그 모든 인내의 끝에서
모과나무는 말한다

"나는 피어 잠시 아름답고
익어 오래 향기로우니
못생겨도 그것이면 충분하다."

국화처럼

동창들의 기억 속 나는
키 작고 못나고 술에 젖어
공부보다는 반항에 기울던 아이였으리라

그러나 마흔을 넘겨 만난 책들은
나를 고통의 강가에 앉혀
기다림 끝에 얻어지는 아름다움으로
내면을 맑게 하였다

한 송이 국화가 피기 위해
봄부터 소쩍새가 울었듯
나 또한 긴 세월의 아픔을 견뎌왔다

모든 꽃이 봄에 피는 것은 아니다
늦게 피어나도 고고히 빛나는 꽃
가을바람에 향기 깊은 국화가 있지 않은가

나도 그 국화처럼
늦게라도 맑고 단단한 영혼으로 살고 싶다

명자꽃

붉은 입술 물들이며
봄바람에 떨리는 너

아직은 서늘한 기운 속에서도
이름처럼 고운 빛을 지켜낸다

멀리서 불러도
가까이 안아도
가슴에 남는 건
한 줄기 그리움

사랑 받고파
아직 가시지 않은 봄추위에
힘껏 달려가 불러보고 안아보고픈
명자야

별과 꽃과 달

저문 하늘에 달이 져도
어둠 속 별은 살아 숨 쉬고

시든 꽃잎 흩날려도
향기는 바람을 타고 남습니다

그대 쓰러지지 마오
눈물의 강을 건너는 이는
비로소 깊은 숲을 만나는 법

살아야 할 이유 단 하나
그 불씨만 지킨다면
밤은 반드시 아침을 품습니다

별 하나 꽃 한 송이
따스한 말 한마디면 충분하오

오늘도 그대의 하루가
빛으로 피어나길

오늘은 하지(夏至)

태양이 하늘 가장 높은 자리에 오르고
세상은 가장 긴 빛으로 가득 찬 날입니다

세상을 바라보는 눈에 따라
그 빛도 달라집니다

불평의 눈으로 보면
하루는 고단한 그림자로 흐르고
감사의 눈으로 보면
모든 순간이 축제의 불빛처럼 반짝입니다

오늘
동짓날부터 늘어나기 시작한 양의 기운이 가장 왕성한 이 날에
당신의 기운 또한 절정의 날이 되기를 바랍니다
세상이 마련한 이 축제의 장
기쁨으로 가득 채우는 하루 되시길요

바람과 구름 자리

버릴 것은 버려야 한다
봄이 지나면 꽃잎이 지듯
내 것이 아닌 것을 오래 품고 있으면
향마저 사라진다

줄 것이 있으면 내어주라
강물은 흐르며 물을 나누고
구름은 흩어져 비를 건넨다

삶을 내 것이라 부르지 마라
우린 잠시 들꽃처럼 피었다
가을바람에 흩어지는 존재
묶어둔다고 머물지 않고
세월을 붙잡는다고
발길을 멈추지 않는다

그저 부질없는 욕심
허리 한 번 펴지 못한 채
이마에 계급장을 붙이고
무엇 그리 잘났다고
남의 하늘을 탐하느냐

한낮이 있으면
달빛의 밤도 있는 법
빛과 어둠이 뒤섞인다고
세상의 결이 바뀌랴

살다 보면
꽃 피는 날도
낙엽 지는 날도 있다
모두 잠시 빌린 표정일 뿐

울어도 강물은 흐르고
웃어도 바람은 지나간다

내 인생 네 인생
겨울 눈발 여름 소낙비
다만 바람처럼 구름처럼
흘러가다 멈추면
그 자리에서 산이 된다

그렇게
사는 것이다

비 오는 날

비가 오면
핑계가 많아져 좋다

커피 향 스며드는 창가에서
누군가의 이름을
부르고 싶어진다
비가 오니까

그 말 한마디면
그리움이 허락되는 듯하다

사실은
당신이 생각났다고
입술 끝에서 맴돌던 고백을
비에 실어 보낸다

빗소리는 마음의 문을 두드리고
촉촉한 바람은
못다 한 말을 대신 흘린다

비는 용기의 다른 이름

침묵의 다른 얼굴

그래서일까
비 오는 날은 언제나 따뜻하다

비처럼 다가가고
비처럼 스며드는
그런 하루이기를

꽃과 열매

꽃은 피어
사라지기 위해 존재하지 않는다

사라진 자리마다
올망졸망 열매가 매달려
생명의 길을 잇는다

꽃은 순간
열매는 지속
그러나 둘은 하나의 호흡
자연이 남긴 약속

그래서 피는 꽃마다
모두가 사랑스럽다

제2부

흙의 고백

흙을 일구고 수확하는 농부의 삶을 그리며

흙의 노래

씨앗을 흩뿌리며 살아가라 한다
밭을 갈며 흙의 숨결에 귀 기울이라 한다

넓은 들에는 고구마를 심고
집 앞마당엔 옥수수를 심어
호박넝쿨처럼 세상에 스며들라 한다

계절은 돌고 돌아
흙은 나를 품어 나무처럼 길러주니
나는 바람과 함께 자라고
햇살과 더불어 숨 쉰다

흘린 땀방울은 곧 이삭이 되고
그 결실 속에서 삶은 고요히 익어간다
흙과 나 서로의 품이 되어
조화로운 노래를 부르라 한다

망종(芒種)

보리 이삭 고개 숙일 무렵
밭작물 거두고 모심기
바삐 오가는 들녘엔
햇살마저 숨 고를 틈 없이 내리쬔다

남녘 들판엔
보리 베고 모를 심느라
발등에 오줌 싼다는 속담이 살아나고
등줄기 흠뻑 젖은 농부의 하루가 길어진다

선조들은 말없이 땀을 삼키고
고된 몸 누일 겨를조차 없어
계절의 발자국 따라
두 팔로 한 해의 겨울을 준비했다

북반부의 이 작은 나라
부지런함은 땅과 하늘이 내린 운명이었고
그리하여 우리는 늘 계절보다 앞서
씨를 뿌리고 꿈을 키웠다

준비되지 않은 겨울은

가족의 삶이 보장되지 않아
망종에 씨앗 뿌림은 숙명으로 다가왔다

농사도 타이밍이다

비 소식을 안고
무리한 계획을 밀어붙였다.
고구마 순은 약속되어 있었고
노령과 고임금의 벽은
쉽게 허물어지지 않았다

마침내
어제 순 놓은 밭 위로
비 님이 오신다

고구마 순 위로
조용히 스며드는 빗물
그것은 생명수
하늘이 주신 은혜다

온종일 비가 온다면
나는 고즈넉한 찻집에 앉아
젖은 순들이 춤추는 모습을
마음속으로 그리리라

한줄기 비에도

기쁨은 피어난다

농사란 결국

기다림과 타이밍의 예술이다

옥수수를 심으며

옥수수 모종을 받았다.
밭을 고르고 비닐을 덮어
살 자리를 마련한다

튼튼한 놈부터 심고
여린 묘들은 한쪽에 남는다

버리라 교육 받았건만
눈에 밟혀 망설여진다

태어나지 말았어야 했나
그 생각에 마음이 흐린다

결국
조용히 밭가 두둑에 내려놓으며
말없이 작별한다

열등한 삶보단
이별이 나을지도 모른다는
서툰 위안 하나
흙 속에 묻는다

입하(立夏)에 부쳐

여름이 문을 여는 절기

봄은 저만치 물러나고
묘판 위 볍씨는 싹을 틔워
모는 한창 자라고
보리 이삭 고개를 들기 시작한다

어린이날 부처님 오신 날
두 기념일이 맞물려
내일은 하루 더 쉰다지만

손자들은 저희 세상이 바쁘고
허전한 마음 절에서 달래기는
발길이 쉽지 않다

참 좋은 제도
옛 시절엔 왜 없었을까

그래도 난 오늘
애완식물 자라는 모습이 궁금해
휴일 농장으로 향한다

노랑이 물드는 때

물오른 푸름이 짙어가는 여름 문턱
자연은 세 가지 황금빛을 노래한다

먼저 누렇게 익어가는 보리 이삭
햇살을 품은 들녘에
수확의 기쁨이 물결친다

이른 새벽 모판 위 어린 모는
비좁은 흙 속에서 누렇게 지쳐간다
본답으로 옮겨갈 날을 애타게 기다리는
묘한 숨결 기다림의 색

그리고 동네 어귀
죽순에 양분을 내어준 대나무는
누렇게 시들어간다
모든 것을 주고 비워낸
어미의 고요한 쓸쓸함

수확과 기다림 그리고 헌신이 노랗게 물드는 때
우리는 그것을 '삼황기(三黃期)'라 부른다

단비

저 멀리 사천 바다
먹구름 낮게 앉아 어둠을 풀어놓고
논 머리 비설거지 하는 농부의 손길 분주하다

잠시 뒤 캄캄한 하늘 갈라지며
천둥과 번개를 싣고
소나기 힘차게 쏟아진다

마무리 못 한 농부
아쉬움 어깨에 걸친 채
종종걸음으로 귀갓길을 재촉하고
논가 가득 개구리울음은
우렁찬 합창을 시작한다

금세 불어난 개울물
가뭄에 갈라진 마음을 적셔
농부의 가슴에
넉넉한 위로를 보낸다

참새

허수아비 곁에 모여
짹짹 무리 지어 놀던 수많은 참새

벼 이삭이 삶의 전부이던 시절
덜 여문 낟알 쪼아
쭉정이로 만들던 그 작은 부리

겨울을 견딜 아이들 생각에
농부는 괭이 손 놓고
온 가족이 들판에 나서
허위허위 소리쳐 참새를 몰았지

이제는 사라진 손길들
어디로 흩어졌을까
드문드문 작은 무리 지어 날아오르는
참새 떼만 보아도
그때의 들판이 그리워진다

황금빛 물결 이는 가을
깡통 매달아 바람 소리 내며
참새를 쫓던 그 아이

지금은 어디서 무엇을 하고 있을까?

비의 약속

하느님
어제 당신의 대변인
구름의 혀로 전해진
비의 약속은 어디로 갔습니까

10~40밀리미터
말의 무게만큼 반갑게 들려오던
그 비는
끝내 오지 않았습니다
저녁 하늘은
바람만 한숨처럼 불다 지나갔습니다

제 사랑하는 생명
고구마는 흙 속에서 혀를 말리고
강냉이는 뿌리로 기도합니다
토란의 잎은 하늘을 바라보며
마른 기도를 펼칩니다

이토록 기다렸습니다

빗방울이 시원한 냇물처럼
이 목마름을 축복해줄 줄 알았습니다
하지만 또 당신의 진실이 침묵합니다

하느님
이 침묵이 반복된다면
우리는 어떻게 신뢰를 심겠습니까
씨앗도 사람의 마음도
말라 죽기 전에
물을 주셔야 하지 않겠습니까

제발 내일은
하늘의 문을 여시고
빛이 아닌 물로 응답해 주소서
이 기도는 흙 묻은 손으로 올리는
애타는 농부의 절실한 바람입니다

감자 이야기

남미 안데스의 바람결 따라
고요한 고지대 흙 속에 스며든 생명
작은 뿌리 하나 스페인의 돛을 타고
먼 유럽의 식탁에 첫 이름을 남기네

가난한 농부 어느 저녁 18세기 유럽 끝자락
감자는 말 없이 밥상 위를 지키고
1824년 북감저라 불리며
조선의 흙 속에 조용히 몸을 묻었지

어렵던 시절 목숨줄 이어준 굶주림이 어둠처럼 번질 때
감자 한 알은 어머니의 치맛자락 같았고
검은 흙 속에서 움튼 생명은
눈물 젖은 노랫가락 되어
저녁 하늘 끝을 물들였네

이제는 알칼리 식품의 보물이라 불리며
칼륨과 인산 품은 너
건강한 마음으로 다시 마주하는
작고 따스한 기억의 조각

비 그치고 장마 오기 전
나는 감자를 캔다
삶의 밑바닥에서 피어난 너를
두 손에 담아 올리며
옛사람의 아픔을 조용히 입안에 넣어본다

고추밭의 여름

가장 무더운 날
모기와 맞서며 고추를 딴다
햇볕은 등을 태우고
마누라의 잔소리는 바람처럼 스친다

고통의 깊이만큼
추억도 붉게 익는 법
해마다 봄이 오면
다시 모종을 심는다

배알이 없어서일까
아니면 살림이 어려워서일까
그래도 농부의 손은
멈추지 않는다

농촌 길을 걷다 보면
마당 가득 널린 붉은 고추
그 위를 가볍게 스치는
빨간 고추잠자리
아 이 풍경이야말로
여름 농촌의 절정 아니던가

그래서 나는
올해도 고추 농사를 짓는다
땀과 햇살
그리고 붉은 열매가 주는
이 한 아름의 기쁨을 위해

농사의 사계

인생에도 굽이진 고개가 있듯
농사에도 계절마다 고비가 있다

봄 사월
흙은 아직 차갑고
새벽 서리의 발자국이 밭고랑에 내려앉는다
그 위에 나는 어린 고구마순을 심는다
작은 손길 하나에도
뿌리가 흔들릴까 숨을 고르며
비가 내려야만 살아남을
연약한 생명을 땅에 맡긴다

여름은 잔혹하다
칠월과 팔월
무더위는 숨을 죄고
잡초는 끝없이 땅을 덮는다
풀매기 괭이질마다
땀방울은 이랑을 적시고
그 속에서 고구마는
말없이 속살을 키워간다

그리고 가을 구월
햇살은 노랗게 기울고
손은 흙을 파헤치며
땅속 깊이 숨어 있던 결실을 찾아낸다
허리와 어깨는 고단하지만
손바닥 위에 올라온 고구마는
한 해의 노동과 기다림이 응축된
달고 묵직한 증언이다

수확과 함께 찾아오는 판매의 길
값은 변동하고 마음은 요동치지만
결국 땅은 거짓말하지 않는다
내가 버틴 만큼
흙이 품어준 만큼
고구마는 제 빛깔로 세상에 나온다

그리하여 하루가 저물 무렵
나는 감사한다
흙과 비 햇빛과 바람
그리고 무엇보다
이 모든 과정을 견뎌준 내 몸에

뿌듯함은 고단함을 씻어내고
안도감은 마음 깊은 곳에 불을 밝힌다
고구마 향처럼 은은하고 진득한 삶
그 맛을 되새기며
나는 다시 내일을 준비한다

농심

무더위의 위세가 보통이 아니다
바람에 맞춰 춤추듯 들녘은
짙은 초록빛에 일렁이며
잔잔한 파도처럼 넘실거린다

그래서 눈 부신 태양을 머금고
쪽빛은 하루가 다르게 빛이 더하다

그 이면에 폭서의 환경에도
풍요로운 결실을 위해
농민은 온몸으로 투지를 불태운다

우리는 늘 기억해야 한다
식탁의 풍요로움은 마술이 아니라

희로애락이 가득 배인 농심의 결실이라는 것을…

겨울 배추

가을 밭에 남겨진
덜 자란 김장배추
혹한을 견디려 바람에 엎드린 채
눈발 속 긴 밤을 건넌다

얼어붙은 몸속 깊이
작은 숨을 감추어 지키고
인고의 시간을 품은 채
봄을 기다리는 사람처럼
끝내는 귀한 몸이 된다

맨땅의 추위에 시린 잎새
볼품은 없으나
씨앗에 새긴 약속만은 잊지 않았다

따스한 햇살 스미는 새봄
그 어느 푸른 채소라 하여도
너를 능가하지 못하리

나는 다시 너를 찾는다
눈 녹은 들판 위

첫 빛을 머금은 겨울 배추여

양배추의 날

물안개 스미는 새벽길 따라
고요히 농장으로 향한다

들녘엔 숨결처럼 피어나는 인사
반가움 속 미소가 번지지만
오늘은 연약한 양배추들이
거친 잡초와 맞서는 날

가여운 마음에 나는
살며시 양배추의 편이 되어
연둣빛 잎을 어루만진다

그 속 깊이 피어오른
해맑은 표정 하나
가슴으로 조용히 안는다

잎새 끝 이슬방울
보석처럼 반짝이는 순결함
떨어질까
두 손 모아 조심조심

오늘은
양배추와 마음을 나눈 것으로
하루를 마감한다

백로(白露)

새벽 풀잎마다 맑은 숨결 맺히고
가을은 고요히 들녘에 내려앉는다

이삭 위로 은빛 알갱이처럼
이슬은 빛나며 풍요를 예고하고

백로라 부르니
그 이름 또한 이슬처럼 고운 말

지고지순의 참이슬 사랑
잠든 바람조차

투명한 노래로 깨어난다.

양파의 노래

실낱같은 너를
가을 끝자락
작년 시월 이십사일 햇살 속에
조심스레 품었다

혹독한 겨울
메마른 바람 속에서도
작은 뿌리 흔들림 없이
살아내던 너

이백일십오 일의 기다림 끝에
오늘
손에 안긴 너는
둥글고 둥글어
참 예쁘다 귀엽다

수확이란
이토록 벅찬 것이구나
참 고맙다 사랑스럽다
황금빛 양파야

새벽 찬 공기를 가르며

그제 새벽
찬 공기 속을 가르며
오토바이를 타고
농장으로 향했네

몸의 추위는 겨울을 연상하는
칼바람이었다
저녁엔 몸살 기운이 번지고
결국 환자가 되고 말았지

이제는
작은 일탈조차
내 몸의 허락 없이는
쉽지 않은 일

내 육신은 어느덧
나의 상전이 되어
한 걸음 나섰던 일상이
벅찬 모험이 되었다

계획은 무너지고

일정은 미뤄지고
나는 다시 방 안의 고요 속으로
깊숙이 숨어든다

칩거 삼 일째
완전한 방안 속
벗어나지 못하는 이 삶이
영속된다면 어쩌나

언젠가는
문득 그런 생각에
깊은 사유의 강에
잠겨버린다

내일은 일상을 기대해본다

제3부

벗들의 미소

이웃과 더불어 살아가는 따뜻한 풍경을 담으며

풀을 매는 날

나누며 살아가는 삶
오늘은 봉사의 마음 안고
정촌 파크골프장 풀을 맵니다

내 마음을 알아주는 이가 있어
참 따뜻하고
말없이 늘 곁을 지켜주는
회원님들이 있어 참 좋다

의무가 아닌 진심으로
새남부 클럽의 따뜻한 손길이
이 하루를 더욱 빛나게 합니다

그저 스쳐 지나갈 하루가
문득 눈부시게 아름답고
그래서
이 순간이
참 고맙습니다

달래

땅속에서
봄의 손을 내민다

작은 분홍빛 숨결
햇살에 젖은 향기

맵싸한 기운이
잠든 마음을 흔든다

입맛이 돌면
삶의 맛도 돌아온다

죽을 맛 같은 날
내 속을 달래주는 사람
그가 진짜 달래다

귀갓길

탁구 레슨 첫날 돌아오는 길
하늘 향한 운동기구 너머
낙락장송 가지 끝에 걸린 별 하나

억겁의 세월 얽힌 인연일까
오늘따라 더욱 찬란히 빛나네
천문학자에게 묻고 싶다
저 별은 어느 자리에 속해 있는지

유난히 밝은 그 빛
꺼지기 전 촛불처럼 흔들리며
다음 생의 약속을 속삭이는 듯하다

상념에 젖은 귀갓길
집 안은 고요하고
아내는 깊은 꿈속에 잠겨 있네

마누라

긴 세월 돌고 돌아
우리 여기까지 왔소

굽이진 인생길
그대가 있어 험한 날도
묵묵히 견딜 수 있었소
그대는 내 삶의 등불이었소

평생 내조하며
자식들 키우느라
몸과 마음 다 바친 마누라

이제는 주름 깊어진 얼굴 볼 때마다
내 마음이 아프오
취미도 다르고
어찌해야 좋을지 몰라
함께 즐길 거리 찾지 못한 게
그저 안타깝소

그래도 그대의 따스한 손길 덕에
세상이 변해도

내 세상은 언제나 따뜻하오
그대가 있어
나는 참 행복하오

친구

가끔 하늘처럼 맑아 보이는 친구가 있다

텃밭에 맺힌 이슬 한 점
들꽃 한 송이 앞에서도
문득 그 친구를 생각한다

기쁜 일은 먼저 나누고
아름다움은 함께 바라보고 싶은 마음
그런 벗이 있어
세상은 덜 쓸쓸하다

멀리 있어도
그림자처럼 곁에 머무는 마음
쓴소리로 나를 일깨워 주는 벗
그 이름 하나가
삶의 전부가 되기도 한다

맑은 물가에 달이 쉬고
푸른 가지에 새가 깃들 듯
좋은 인연이 되고 싶다

그대가 있어

내 하루는

늘 봄날이다

삶의 벗

생의 반려자
고요히 곁을 지키는 녹색의 숨결
심성을 닦아주는
작고도 위대한 반려식물

사람들 나를
고구마 사장님이라 부르지만
그들은 알지 못한다
계절을 가리키는
푸른 나침반의 존재를

부지런함을 일깨우는
조용한 상전
잎 하나에도
시간의 흐름이 깃들어 있다

나눔의 기쁨을 가르쳐 주는
따뜻한 존재들
계절 따라 모습을 바꾸는
변화무쌍한 친구들

그리고 어느새
끊임없이 배움을 일깨우는
삶의 스승이 되어
내 마음을 키워간다

그리하여 나는
이 식물들과 함께
다른 이들의
멘토가 되어간다

할머니의 시간

젊은 날 바람처럼 바쁘게
아이들을 키워내던 그 손길
이제는 햇살처럼 따뜻하고
달빛처럼 고요하게 내려앉네

주름진 눈가에
세월이 피워낸 지혜가 머물고
그 말 한마디엔
비로소 이해하는 사랑이 깃들어 있다

손자에게만 건네는
말 없는 믿음 고요한 응시
그 속엔 오래된 시간
진실한 가르침이 숨어 있지

작은 손을 잡고 건네는
옛날이야기 속의 진심
그 이야기가 세연이 마음에
꽃처럼 피어나네

그래서 우리 세연은 예쁘다

사랑 받아 예쁘고

사랑을 닮아 더 예쁘다

그대, 정길아

정길아
우리 70번의 계절을 품에 안은
방랑의 이름이여
누구보다 27회를 사랑한 사람
고향을 품고 살아온 그대여

삶의 무게가
빗물에 젖은 골판지처럼 축 처질 때
말없이 벗어놓은 신발 위로
서러운 눈물 한줄기
고요히 흐를 때마다

두 팔 벌려 나를 맞이하던
그대의 웃음은
심장을 조용히 열고 들어와
아물지 않던 상처 위에
따스한 숨결을 얹어주었지
그 순간 나는 위로를 받고
마음을 씻었네

세월은 흐르고

우리의 우정도
60년 세월의 뿌리를 내렸다
이제 일흔의 고개에 서 있는 우리
몸은 조금씩 느려지고
고장도 나지만
마음만은 여전히 소년처럼 푸르다

정길아
그대가 흔들리면 난 태풍 맞는 사람
하나뿐인 개구쟁이 친구
마음이 통하고
기억을 나누며 살아온
소중한 이여

부디 건강하거라
우리의 마지막 웃음이
가장 빛나는 날까지
함께 걷자꾸나

널 위해 기도한다

내가 알지 못하는 먼 곳에서
오늘도 날 위해 기도하는
당신이 있어
세상은 살아볼 만한 얼굴을 하고

내가 모르는 어느 순간
나목처럼 묵묵히 견뎌낸
나의 사랑 하나가
누군가의 봄이 되어 흐릅니다

세상은 그렇게
보이지 않는 마음들로
조용히 달라지고

이 봄날 제발
아프지 않기를
당신의 하루가
햇살처럼 따사롭기를

나는 오늘도
널 위해 기도한다

구룡의 꿈

구룡폭포
지리산 자락
흙 친구들과
일상(日常)에 쉼표 하나 찍는다

토종 흑돼지 익어가는 연기 속
입가에 번지는 노래
이 맛 다시 볼 수 있을까
먼저 에너지를 충전한다

여름비 스미는
숲길 계곡길 따라
아홉 마리 용이 지금도
바위틈에서 꿈틀거리는
젖은 꿈을 꾼다

신선이 살만한 하늘 산장에서
한낮 신나는 율동으로
청춘을 돌려달라는 소리
그 시절처럼
눈빛도 반짝인다

정우회의 노래

한여름 무더위 견디고 모여
화개오리 불고깃집 정겨운 자리

송기성 회장님 뜻 안에서
열여섯 벗 환한 얼굴로 웃네

그리움은 반가움 되어
잔을 기울이며 서로의 길 빌어주고

선배의 품 후배의 정
한데 어우러져 깊은 인연 이루네

오늘의 덕담은 씨앗이 되어
내일의 길마다 꽃처럼 피어나길

영원하여라 우리 정우회
건승하라 벗들의 앞날이여

원우회

순박한 송강 농장에
박창욱 원우회장과 회원들이 모였다
매실주 익어가는 향기 속에
옛이야기를 풀어놓으며 웃음꽃이 피어난다

나는 행복한 사람이다
술이 그리울 땐 호병 친구가 통영 섬으로 불러주고
산이 보고 싶을 땐 근출 친구가 천왕봉으로 데려다 준다

오늘은 송강 농장 총괄 요리장 동주 친구가
전어회와 문어 숙회로 술자리를 빛내주니
50년 원우회 역사가 이렇게 이어진다

계절이 바뀌듯 세상도 변해가고
다가올 미래는 때로 두렵지만
늙어감을 함께하는 벗들이 있기에
이 행복 영원하기를 빌어본다

봄날의 약속

- 예하초교 27회

살아보니
세상은 참 아름다웠다
무엇을 꿈꾸느냐에 따라
삶은 날마다 새롭고
기적처럼 빛났다

오늘
서른셋의 벗과 함께
장사도 길을 걸었다
거제 근포항의 포근한 숨결
카멜리아 꽃길에 흐드러진 웃음
취기 오른 얼굴마다
반짝이는 봄빛이 머물렀다

바람의 언덕에 올라
바람처럼 살고 싶은 꿈을 꾸고
몽돌해변 푸른 바다 앞에서
돌을 던지며
어린 날의 우리를 다시 만났다

남도의 햇살 아래

거제 식물원의 숨결을 품고
온종일
봄의 품속을 걸었다

살면서 단 하나
어둠은 결코
빛보다 찬란하지 않다는 것
그 진심을 배웠다.

사람이든 자연이든
사랑하는 모든 것을 껴안으며
우리
마음을 풍요롭게
가장 행복한 사람으로 남자

바람 속의 용들
−협회장배 경기에 부쳐

찬란한 봄날
찔레꽃 향기 흐드러진 와룡구장
그곳을 수놓은 일곱 전사
파크골프를 삶처럼 아는
새남부의 용사들이었습니다

젖은 땅을 딛고
바람을 가르며
희망의 곡선을 그려낸
의지의 스윙 하나하나

진정
아름다웠습니다
오늘은
그대들의 날

와룡을 품에 안고
하늘로 오르는 승천의 발걸음
그 끝에 금의환향의
영광이 함께하였습니다

앞으로 파크골프
길이 늘 평탄하기를
두 손 모아
바람에 기도를 띄웁니다

오늘의 멋진 경기가
영원한 추억으로
가슴에 머물기를 바랍니다

가을의 파크골프

한로의 이슬 젖은 잔디 위
형형색색 차림으로 모여든 사람들
웃음소리 따라
붉은 공 하나 굴러간다

스윙은 바람 같고
발걸음은 노래 같다
함께 걷는 이 길 위에
좋은 공기 건강은 덤처럼 스민다

공이 홀을 스쳐 지나갈 때
아쉬움이 파도처럼 일고
연민과 후회도 잠시
바람에 흩어져 간다

잔디 위 발자국
서로 마주 본 눈빛
가을 하늘에 번진 웃음 속에
파크골프의 인생이 있다

이 순간

파크골프는 단순한 놀이가 아니라
삶을 환히 비추는
한 조각 햇살이다

57회

여름 바다 향기 따라
우린 하모회를 찾아
포교마을 부산횟집으로 나섰네

밀려드는 인파에
잠시 발걸음을 멈추고
정자나무 그늘에
옛 시절을 화제로 삼아
소담한 웃음꽃 피웠지

차례가 오고
입안 가득 퍼지던 하모의 맛
그 값은 대춘이 큰소리로 쏘고
다음은 상족암 내려다보이는 찻집으로

수십억 년 전
공룡이 뛰놀던 땅을 바라보며
우린 시원한 팥빙수 한 입
그리고 커피 한 잔에
세월을 녹여냈네

그곳에서도 본권이
또 한 번 돈 자랑을 하자
나는 다음 기회로 미루며
웃음 속에 잔을 들었지

이제는 건강 이야기
하나둘 예전 같지 않은
잔병도 말꽃으로 피어나지만
우린 안다네
57회 그 이름 아래
모두 오래오래
건강하기를

바람과 구름의 길

일흔 앞둔 여름밤
친구들 술잔 속에서 던진
"가자 천왕봉"
한마디가
씨앗이 되어 마음속 뿌리내렸다

가장 더운 계절
광복절 아침이 약속처럼 다가오고
장맛비는 그날까지 이어져
예비 걸음 한 번 못한 채
몸은 비만의 무게를 안고 있었다

그러나
그날 아침
하늘은 맑았다
바람이 앞장서고
구름이 길동무 되어
천왕봉 오르는 발걸음에 힘을 실어주었다

능선 위에 서면
바람과 함께 걷고

구름 속에 누웠다
천왕봉 표지석 앞에서
흘러가는 인생을 이야기하고
세상 시름은
바람 따라 구름 따라 흘려보냈다

광복 80년의 날
열한 시간의 길을
서로의 어깨와 웃음으로 동행한
친구들이여
그대들이 있어
나는 오늘 신선이 되었다

비 오는 날, 원주에 서다

일곱이 하나 된 친구들
빗속을 뚫고 원주의 품에 안겨
꼼꼼히 길을 짠 대춘이 손길 따라
우리는 함께 걷고 웃고 기억했다

소금산 출렁다리 위에선
심장이 바람처럼 뛰었고
무지개처럼 펼쳐진 오크밸리 풍경엔
설렘이 고요히 내려앉았다

무지엄산의 작품들 앞에선
시간마저 발걸음을 멈추고
구룡사의 고요한 숨결 속엔
마음이 맑아졌다

세종왕릉 그 깊고 숭고한 역사 앞에
우리는 한국인이라 자랑스러웠고
궂은 날씨에도 굳센 우정의 걸음
추억이 되어 빛났다

고마워 친구들아

함께였기에 모든 순간이 찬란했고

건강한 내일을 약속하며

다음 여행을 또다시 꿈꾸자

통영의 기억

오랜 인연
칠십삼 년 그 해 맺은 우정
쉰세 해를 걸어
오늘 이 자리 아홉 명의 벗들

호병의 부름 아래
우리 다시 모였네
상중, 근출, 법진, 윤기, 동주, 재학,
용관, 회경, 그리고 호병
추억은 물회처럼 시원했고
마음은 만지도처럼 잔잔했지

용관 친구의 투병 소식에도
도움을 줄 수 없는 안타까움도 있었지만
벅수 다찌에 모여
이슬 일곱 카스 넷
죽는 건 술이요
사는 건 기분이라던 법진의 말처럼
우리는 웃고 들떴고
그 시간에 취했네

점심에서 밤 아홉 시까지
그토록 길고 짧았던 하루
시간도 발걸음을 멈춰
우리 이야기를 들었을 거야

호병 친구야
네가 있어 참 따뜻했다
말은 쉽지만 마음을 내는 건 어려운 법
그래서 더 고맙고 더 미안했네

이 추억을 품고
다음엔 진주에서
매실주 한잔에 다시 웃기를
그날을 기다리며
오늘은 이렇게 시로 남긴다

임실의 하루

가을비 내리는 들녘을 넘어
우린 믿음 하나로 길을 나섰네

진주를 떠날 땐 맑은 하늘
전북 초입 빗방울이 차창을 두드렸지만
그 비마저 우리 마음을 막지 못했지

옥정호 출렁다리 위
가랑비는 운치가 되어
우리의 발걸음을 비추었고
국화테마로드 웃음 속엔
가을의 향기가 피어났네

점심엔 빠가사리탕의 따스한 국물
임실 치즈의 부드러운 미소
국화 전시장에선 향기로 마음을 씻었네

그러고는
기적처럼 경기 시작과 함께
비가 그쳤지

우린 웃었네
젖은 땅 위에서도 열정은 마르지 않았고
36홀의 함성은
비보다 맑고 하늘보다 높았지

경기 후 막걸리 한 잔
족발의 향기 속에 번지는 웃음들
귀갓길
콩나물 해장국 한 숟갈에
긴 하루의 피로가 녹았네

열세 시간의 여정
그 모든 순간이 우정으로 빛났네

함께해주신 선배님들
회원님 한 분 한 분의 마음에
감사의 인사를 올립니다

참여 못한 이들의 빈자리는
그리움으로 남았지만
곧 다시

같은 하늘 아래 함께 웃게 되길

오늘의 추억이 내일의 힘이 되어
새남부의 우정이
가을 하늘처럼 깊어지길

진심으로
그렇게 바라며

당구장 밤

초록빛 테이블 위
별빛 네 알이 굴러간다

거짓없는 궤적 위
수학과 물리 심리가 만난다

큐 끝의 숨결 하나
근심이 미끄러진다

공이 흐르고
시간도 따라 돈다

웃음 한 점
한숨 한 점
밤은 조용히 굴러간다

지리산 거사의 마음

지리산 황 거사님의 부름 따라
여덟 벗이 한자리에 모였다
산바람 실은 저녁빛 속에
우리는 오래된 벗처럼 마주 앉았다

낯익은 홍일점 한 분
그 미소엔 염화의 뜻이 피어나고
그윽한 눈빛 속에서
이 밤의 비밀이 살며시 열렸다

술잔이 돌고 마음이 익어간다
죽는 것은 술이요
사는 것은 기분이라

웃음이 번지면
우리는 조금 더 젊어지고
추억은 한 걸음 더 깊어진다
11월의 약속은 범 선생으로
12월의 자리는 매암에게로 이어진다

그리하여 올해의 마지막 잔은

정촌의 달빛 아래 기울이기로 했다
가로등 고요히 우리를 비추고
지리산의 달은 묵묵히 미소 짓겠지

오늘의 술은 언젠가의 추억이 되고
이 밤의 웃음은
또 다른 시작이 된다는 것을

진주 남부농협

철 따라 생멸치 신안 천일염
누가 농촌 삶에 이렇게 선물할 수 있나

김용택 시인은 멸치 쌈밥 먹지 않는 해는
봄을 도둑맞은 것이라 했다

오늘 아침 멸치 쌈밥으로 푸짐한 성찬이 차려진다

올해도 어김없이 챙겨준
생멸치와 천일염
내년도 기억해다오

남부농협 영원한 발전을 기대한다

제4부

시간의 무늬

사색과 일상의 깨달음을 표현하며

창조주

아이는 설날이 마냥 기쁘다
맛있는 음식 먹고 용돈 받는다

엄마는 조상님 차례 음식 만들어
자식 잘되라 복 짓고 용돈 주어 기쁘다

엄마가 밤새도록 빚어놓은 새해 아침은
창조주의 기적과 같은 것이었다

설날에는

손주의 잇몸에
조심스레 솟는 작은 이처럼
설날엔
행복도 그렇게 살며시 다가옵니다

아이들의 웃음소리에
집안이 환해지고
오랜만에 모인 얼굴들에
시간도 잠시 머뭅니다

설날은
그저 큰 명절이 아니라
가족이 서로를 다시 확인하는 날

따뜻한 밥상 위로
말없이 흐르는 정
짧은 인사 속에도
담긴 오래된 마음

우리는 그렇게
한 해를 시작합니다

사랑을 조금 더 꺼내어
나누면서

홍익의 뿌리

지난해 찬 이슬 맺히던 시월 삼일
한쪽 희망을 품고 너는
육쪽의 꿈으로 우리 밭에 내려앉았지

건국 신화 속
곰과 호랑이 기도처럼
사람 되길 염원하는 나를 위해
한쪽의 씨앗을 네 접이나 심었다

혹독한 겨울 입김과
메마른 가뭄 입맞춤에도
너는 꿋꿋이 자라
이백사십 날 고요한 인내 끝에
결실을 보았구나

한국인 밥상 그 중심에서
지치지 않는 사랑 받는 너
오늘 나는 너의 수확 앞에 선다

오 나의 애완식물 마늘이여
이 땅 홍익인간 정신을

네 뿌리로 되새기며
네 영광 끝없이 충만하기를

수확이라는 깊고 찬란한 기쁨을 주어
고맙고 또 고맙다
사랑한다
나의 마늘아

3월 끝자락에서

산청 산불
열흘을 삼킨 재난 앞에서도
매화는 피고
개나리는 눈부시게 웃었다

아픔도 시간도
생각도 마음도
흘러가더라
그저 그렇게
봄바람 따라 지나가더라

그 속에서도
우리는 별일 없는 듯
일상을 살아냈다
그 얼마나 고맙고
기적 같은 축복인가

이 좋은 봄날
당신의 하루가
행복으로 가득하길 바라며

3월의 남은 숨결
따뜻하게 마무리하시고
꽃비 흩날리는 4월엔
미소와 건강이
당신 곁에 머물기를

수마 상처 복구 기도

폭염의 숨결조차 숨죽인 채
흙탕물 속 땀에 젖은 군화가
부서진 삶의 조각 위를 걷는다

그대들 구슬땀으로 쓰는 희망
당당히 서 있는 모습이
가장 순결한 아름다움이다

수곡에서 방목을 지나
청해마을에 닿기까지
물길 따라 상처도 깊어간다

신안면 이름 아래
되돌릴 수 없는 시간
전쟁터라 해도 이보다 처절할까?

자연의 분노 앞에서
나는 고개를 숙인다
어쩌면 이 모든 건
우리가 지은 업의 그림자

만약 이 고통이 나의 몫이었다면
살아남을 용기가 있었을까

그래서 오늘 우리가 보내는 관심이
누군가 내일을 지탱하는
작은 힘이 되기를 바란다

기도처럼 빛처럼
물든 대지를 감싸 안기를

6월 오늘의 기억

1950년 여름
한반도 심장에 불이 붙었다
자본의 깃발과 붉은 깃발이
하늘을 반으로 찢던 그 날

우리의 극심한 이념 대결이
세계 이념 대결장으로
삼 년하고도 한 달
포화 속에 아이들이 자랐다

지금도 멀리서 들려온다
이란의 메마른 흙바람
가자 지구의 울부짖음
우크라이나의 붕괴된 창가에
남겨진 숨결들

전쟁은 늘
칼을 쥔 자의 논리로 시작되고
빈손인 자의 피로 마무리된다
국제는 정의가 아닌
힘이 말하는 법정

그러니 우리는
잊지 말아야 한다
국론을 갈라놓는 말들이 아니라
우리를 하나로 묶는 마음으로

국가의 힘이란
탱크도 미사일도 아닌
같은 땅을 딛고 선 사람들이
함께 바라보는 내일에서 시작된다는 것을

참깨

연한 분홍 종소리
여름 시작에서 핀다

햇살 아래
꼬투리 터지기 전
사람의 손으로 조심스러운
수확 작업

탁 탁 탁
차~르르
씨앗이 쏟아진다
웃음처럼

볶으면 향이 되고
짜면 기름이 된다
남은 깻묵마저
땅의 양식이 된다

작지만
모두에게 이로운 생

그래서
좋은 일이 생기면
깨가 쏟아진다 한다

동굴을 여는 주문처럼 열려라 "참깨"
웃어라
즐거워라
행복해져라

중복(中伏)의 아침

폭염경보 매일같이 울려 퍼지는
삼복더위 한가운데
오늘은 중복이라 하네요

잠결에 이불을 당기던 새벽
숨이 막히던 더위도
조금은 물러난 듯해
다행이라 여깁니다

계절이 바뀌듯
세상도 변해가고
미래는 때때로 두렵지만

그 속엔 분명히
행운처럼 스며드는
평범하고 고운 날들이
더 많을 거라
믿어 봅니다

부디 이 여름도
조용히 건너시길

고추

한낮 폭염의 계절
불덩이 같은 열정으로
삶을 폭발시키던 너

이제는 기온에 꺾여
붉게 타오르지 못하는가
익지 못한 고추들
푸르게 매달려 있네

한때 염천을 이기며
좋은 시절을 노래했건만
끝내 외면당한 채
뿌리째 뽑혀 가는 운명

아 그리운 정열의 날들이여
불꽃 같던 여름의 노래여
네 뜨거운 심장을
나는 아직 잊지 못하리

8월의 끝에서

뜨겁고 무더운 여름
끝내 8월이 저물어 갑니다

불볕더위의 나날
짧은 가뭄의 재난
떠나지 못해 머무는 그림자는
잊힌 나의 또 다른 얼굴이었지요

가을로 번져오는 눈부심
계절의 흐름에 순응하며
나는 다시 새로운 나로 서 있습니다

함께 견디며
서로의 어깨를 맞댄 시간
고맙다 감사하다 전한 말 속에
우리가 버텨낸 힘이 있었습니다

8월의 경계에 서서
불현듯 쏟아지는 소나기
천둥에 매료되어
내 마음은 고요해집니다

조금 젖으면 어떤가요
조금 아프면 어떤가요
어차피 살아 있는 것은
모두 떨며 살아가니까요

나는 가을입니다

가을로 태어나
가을의 남자로 살아왔으니
이번 가을은 또 다른 눈높이로
새롭게 맞아 보려 합니다

오늘 8월의 마지막 날
조용히 비가 내립니다

피는 꽃 지는 꽃의 만남

가뭄이 갈라놓은 땅 위로
폭우가 울고 간 7월
다시 타는 열흘 속에
당신 잘 버텨오셨습니다

잊지 못할 7월
많은 이들의 가슴에
상처 한 자락 남기고 갔지요

서늘한 아침 바람에
이불깃을 당기며 맞는 오늘
참을 만한 하루
8월이 조용히 문을 엽니다

오르던 길을 멈추고
돌아가는 길을 떠올리게 하는 달

피는 꽃은 지는 꽃을 만나고
인생이란 가는 것이 오는 것처럼
세상은 초록 숨결이
가뭄으로 가쁜 숨을 내쉽니다

가을의 입구에서

가을이 오면
코스모스 꽃길 사이를 함께 걷던
그 친구가 그리워진다

높아만 가는 하늘
새털구름이 바람에 기댈 때면
우리 곁의 나뭇잎처럼
남은 시간을 아껴 써야 함을 안다

언젠가 떠날 채비를
조용히 시작해야 한다는 것을
가슴 깊이 새기며

영원을 향한 그리움이
온몸으로 스며드는 나이
내 나이 가을쯤 되었을 때

황혼길 저녁노을이
아름답게 물드는
가을의 입구에 서 있다

감나무

가을 들녘
하늘 아래 늙은 감나무 한 그루
홍시 몇 알 매달고
조용히 서 있다

하얀 감꽃 피던 봄부터
여름 내내 온몸으로 태양을 견디며
붉게 익어낸 마음
그 결실이 가지 끝에 달렸다

바람이 살며시 다가와
잘 익은 홍시 하나 데려가고
동네 할머니도
뒷짐지고 하나 따간다

까치도 날아와
남은 것 중 하나를 물어간다

감나무는
베푼 것을 헤아리지 않고
내어준 것을 기억하지 않으며

그저 가만히 서 있다

아마도 저 나무는
평생을 자비로 사는
조용한 자선가일 것이다

한글날에

오늘은 한글날
오백여 해를 넘어
백성을 위해 빛을 새긴
세종의 숨결이 되살아난다

집현전의 등불 아래
훈민정음이 태어났고
그 글이 오늘의 나를 말하게 하니
참으로 고마운 일이다

나는 외국 말은 몰라도
어머니 말 세종의 한글로
사람 구실하며 산다

어머니는 해마다 그리움으로 찾아오고
세종은 매년 이날
태극기 바람 속에 살아 계신다

이 큰 은혜를 어찌 다 갚으랴
대문에 조용히 국기 달며
마음속 능에 헌화한다

한글은 유네스코 세계기록유산
한 글자 한 숨결마다
감사와 그리움이 되어 다가온다

남강에 등불이 흐른다

임진란
진주성 전투
칠만 혼이 불이 되어
남강 아래 스며든다

한때 이 물
핏빛이었고
성벽은 울음으로 타올랐지

이제는
물결 위로 흔들리는 등불
하늘의 별
사람의 꿈

빛으로 다시 피어난다

아이 손 잡은 연인
소망등 앞 웃음 짓고
노인은 두 손 모아
기도한다

그 불빛마다
하나의 마음이 이어지고
남강은 그 모든 숨결을 품어
조용히 흐른다

죽음을 지나
생명을 비추듯

그리고 우리는 안다
남강 위
그날의 숨결이
승패의 노래 아닌
영원의 노래로 흐른다는 걸

단기 4357

하늘이 열리던 그 날
단군의 뜻이 땅에 닿아
서력기원보다 2333년 앞서
우리 겨레의 숨결이 시작되었다

1909년 처음 불린 노래처럼
1949년 국경일로 새겨진 이름처럼
기억은 이어져 강물 되어 흐른다

개천
그날은 우리나라 개국의 날만이 아니니
우리의 뿌리를 찾고
우리의 마음을 모으는 날

하늘을 열어주신 님
오늘을 쉬게 하신 님
내일의 지표가 된 단군님
민족 삶의 근원입니다

상강(霜降)

청록의 나뭇잎 어느새 빛을 거두고
가을 끝자락에 단풍이 물든다

찬 기운 스미는 새벽 공기
숨결마다 겨울이 다가오는 소리

들녘엔 수확의 손길 분주하고
농부의 손끝에서 마지막 햇살 떨어진다

작은 곤충들도 조용히 꿈속으로 들고
나 또한 이불 속 털고 일어나지 못한다

서리 내리는 창가에 귀 기울이면
계절의 문턱이 살짝 열리는 소리
가을이 잠들고 겨울이 깨어난다

감성이 있어 참 좋다

내세울 것 하나 없는 나지만
감성이 있어 참 좋다

가끔은
눈물 한줄기
분위기 따라 흘러나와
민망해지기도 하지만

그래도
그 감성 덕에
계절의 숨결을 느끼고
풍요를 즐긴다
해가 지날수록
자연을 더 좋아하게 된
나 자신이
정말 좋다

비어 있는 마음 곁에
조용히 앉아주는 숲
바람
하늘과 햇살

그들은 아무 말 없이

내 등을 토닥이며

오늘도 나를 채워준다

향이 머무는 자리

삶은 가끔 어둑한 새벽에 피어오르는 한 모금의 숨 같다
불꽃처럼 스쳐 지나가는 갈림길마다
너는 말없이 내 곁에 놓여
조용한 온기 이름으로 나를 지켜주었다

검붉은 빛 고요히 번지는 잔가에
입안 쌉싸래한 진심이 머물고
코끝엔 사근히 어루만지는 따스한 위로가 피어난다

그 향은 어둠을 데우는 작은 등불처럼
내 마음 가장 깊은 곳에 은근히 스며든다

창가에 걸린 산빛이 천천히 흘러가면
나는 조용히 너를 한 모금 들이킨다
그 순간 하루의 고단함은
은은한 향 속에 스르르 녹아내린다

생각의 매듭 마음의 돌덩이들조차
너 앞에서는 잠시 가벼운 바람이 된다
한 잔의 커피는
잠시 멈춰 숨쉬게 하는 은밀한 기도이자

흩어진 나를 모으는 작은 의식

그리고 나는 안다
너의 향이 머무는 자리에
오늘도 잔잔한 나의 세계가 다시 빛난다는 것을

수곡 막걸리

하루 농사 끝나니
저녁 바람 들창에 들고
땀내 밴 손끝에
구수한 술 향기 스며드네

한 잔 기울이니
시름은 먼 바다에 흩어지고
웃음은 봄 물결처럼 번지네

삼국 옛 책에 적힌 이름
농부의 벗이라 하였고
보리와 밀 누룩 숨 쉬는
온돌방에서 익어가던 흰 술

물 좋고 산수 수려한 수곡 막걸리
안개처럼 번진 그 맛
한 잔 속에 인생이 있고
오늘의 흥취 또한 있도다

제5부

노을빛 담은 이야기

인간의 근원에 대한 성찰을 담으며

벌초

햇살 고운 초가을 바람에
산등성이 따라 퍼지는 풀 베는 기계음

묘 앞에 술 한 잔 올리고 절하니
흙내음 그윽하여
그 속에 잠든 이름들이
다시금 내 마음을 일으킨다

단정히 가다듬은 묘마다
오래된 기억 소환하여
그리움이 새잎처럼 돋아
삶과 죽음의 경계를
고요히 이어준다

내 안의 귀뚜라미

밤 고요 속
귓속에서 색~ 색~
윙~ 윙

바람도 계절도 아닌
오직 몸이 울리는 소리

도망칠 수 없고
쫓아낼 수도 없는
나만의 작은 오케스트라

괴롭지만
이 소리 덕에

나는 살아 있음을 느낀다

잠 한 줌 치우지 못한 밤

베개 끝 뒤척인다
TV 불빛에 기대본다

창밖 마을은
깊은 어둠에 잠겨
말 한마디 없다

골짜기마다
희미한 그림자 누워 있고
별은 쏟아져
집마다 숨을 고른다

구름도 지쳐
산 너머로 스며들고
새벽닭 한 마리
처마 끝에서 운다

그 울음 지나간 자리
귀밑으로
백발 한 올
조용히 자란다

그냥이라는 말

그냥 좋다는 말엔
설명할 수 없는 감정이 담겨 있다
계절처럼 스쳐간 순간들
작은 배려 익숙한 눈빛 같은 것들

그냥 마음이 간다라는 건
갑작스러운 끌림이 아니다
천천히 오래 보며
자연스럽게 생긴 신뢰와 애정이다

그냥 편하다라는 건
함께한 시간 속
서로를 이해하고 존중해온 결과다

그래서 누군가를 향해
그냥 좋다고 말할 수 있다면
그건 충분한 이유가 된 것이다

그냥이라는 말 할 수 있는
당신이 친구라서 좋다

그냥 좋은 사람이라서

멀미

몸은 파도에 흔들리고
뇌는 육지에 서 있다
엇갈린 감각이 충돌할 때
멀미가 찾아온다

나는 고개를 들어
먼 하늘을 바라본다
바람이 이마를 스치며
흐트러진 균형을 다독인다

삶도 그렇다
속도가 가파르거나
충격이 깊어
내 마음을 흔들어놓을 때

나는 잠시 멈추어
타인의 눈을 빌려 세상을 듣는다

그리고 내면의 나와
현실의 내가
조용히 타협하며

다시 길을 걷는다

정갱이

정갱이 한쪽
깊은 상처 하나
평생을 안고 살아온
이름은 골수염

젊은 날
객기로 즐기든 오토바이
그날의 속도가
내 인생을 붙잡았다

멀리도 왔다
인내란 이름으로
걸어온 세월이
지금은 버겁다

이젠 혼자 버티기에
한계가 있어
조용히 병원 문을 두드린다

이 병이 내게
가장 오래된 스승이다

조심하라 삼가라
밤이면 속삭이듯
정갱이 뼈를 어루만지며
내 무게를 느낀다

그리고
조금씩 휘청인다
하지만
여전히
걷는다

짝사랑

하룻밤 못 봤다고
차 시동 켜자마자
부리나케 달려든다

입술에 뺨에
무작정 들이대는 너
물고 빨고
온 힘을 다한 일방통행

그 애틋함에
처음엔 웃음 지었지만
슬슬 짜증이 밀려온다
이쯤이면 좀 물러서야 하지 않겠니

차 안 파리 한 마리
지독한 너의 짝사랑
이젠 끝내야 할 때

참아온 인내 끝에
결국 칠거지악
넌 오늘부로 추방이다

처서(處暑)

매미의 울음이 잦아들고
귀뚜라미의 가느다란 현이
저녁 풀밭을 적신다

뜨겁던 숨결은 서늘한 바람에 실려
이제는 낮게 부드럽게 머문다

들녘엔 벼 이삭이 고개를 숙이고
햇살을 기다리며 황금빛 꿈을 익히고
사람들은 조심스레 하늘을 바라본다
처서 비 한줄기에도
풍년의 희망이 흔들리기에

풀을 베고 김장을 준비하며
가을은 천천히 그러나 분명히 다가온다

처서
여름의 끝자락에서 맞이하는
고요한 계절의 문턱

협곡의 장송

새벽 협곡 위로 산안개가 피어난다
머리칼 풀어헤치듯 산마루에 흩어지고
끝내 닿을 수 없는 하늘을 향해
구름은 흘러가며 길을 만든다

바위는 천 년의 침묵을 껴안고
그 틈새에서 흐르는 물은
바람의 노래와 합쳐져
가늘게 그러나 쉼 없이 이어진다

그러나 어느 날
검은 하늘 무너지고
폭우가 대지의 심장을 두드리면
고요하던 협곡은 거대한 북소리로 깨어난다

절벽은 벼락처럼 갈라지고
흐르던 강물 사슬 끊은 짐승처럼
하얀 이빨을 드러내며 질주한다
안개는 눈물의 깃발이 되어
절벽과 절벽 사이에서 흔들리고
그 울음 하늘 끝까지 닿아

산맥 전체를 뒤흔든다

그리하여 협곡은 노래한다
태고의 침묵 부서져 나가는 순간
자연의 가슴 속에 쌓였던 응어리가
통곡처럼 흘러가며
새로운 생명 위한 길을 연다

가을비

가을을 재촉하는 비
누군가에겐 단비
누군가에겐 위로

한 사람의 동행이
또 다른 이의 메마른 가슴에
단비처럼 스민다

계절이 다음 장을 준비하듯
우리의 삶도 그러하리

비 오는 날
여유로운 마음으로
삶의 맛은 더 깊어진다

추분(秋分)에 즈음하여

현대인은 시계와 일정의 굴레에 매여
계절의 흐름조차 잊고 산다

그러나 문득 바람에 스친 가을의 숨결은
일상의 걸음을 멈추게 하고
우리 곁에 고요히 다가온다

밤과 낮의 길이가 고르게 나뉘는 오늘
햇살은 서늘한 빛으로 가라앉고
바람은 한층 깊은 계절을 데려온다

우리의 선조는 산과 들에 귀를 기울이며
자연의 노래 속에 몸을 누였다
말 없는 산과 물결에 기대어
자신을 잊고 하나 되었다

물아일체의 그 맑은 경지
그 속에서 삶의 지혜와
잊히지 않는 자유를 찾았다

비슷해지는 삶

나이 들수록
인생은 닮아갑니다

마흔엔 미모
쉰엔 지성
예순엔 물질
여든엔 생명까지
평준화된다 하지요

서른엔 세상이 불공평해 보여도
세월 지나고 보니
산은 낮아지고
계곡은 메워져
모두 비슷해지더이다

많이 가진 이의 기쁨이
적게 가진 이의 웃음보다 못하고
많이 배운 이의 만족이
배우지 못한 이의 여유를 넘지 못합니다

결국

우리는 다르지 않습니다
교만할 이유도
자랑할 이유도 없지요

우리 서로에게
겸손하고 사랑하며
살아도 모자라는 시간입니다

소주 사절

소주는
그냥 너무 솔직하다

맛도 향도 없이
알코올이라는 본심을
숨기지 못하고 들이미는
그 무례한 투명함

포도주는 유혹하고
맥주는 농담을 던지지만
소주는
그 어떤 말도 건네지 않는다
그저 취하라
그뿐이다

한때는 나도
그 말 없는 술잔을 들었다
습관처럼 사람들처럼

그러다 어느 날
매실주를 만났다

햇살에 물든 유리병 속
익어가는 초록의 시간
꽃에서 시작된
조용한 기억 하나

단맛 속에 담긴
슬며시 웃는 감정
입안에서 피어나는
여름의 뒷모습 같은 그 맛

그날 이후
나는 소주를 밀어냈다
반항처럼 선언처럼

이제 나는
매실주 마니아
느릿느릿 익어가는 술을 기다리며
계절 하나쯤은
기꺼이 건너뛸 수 있는 사람

삶의 노래

웃음보다 눈물이 많을 때
비로소 삶은 깊어지고

꽃은 져도 향기 남고
달은 져도 다시 오릅니다

쓰러지지 마오
"왜 나만" 탓하지 마오
모두가 견디며 걷는 길
그대 또한 잘 오고 있소

살아야 할 이유 하나면
그것으로 충분하니

따스한 말 한마디
밤하늘 별 하나
그것이면 족하오

오늘도
그대의 하루를
조용히 응원하오

간절함

물은 목마른 자에게만 달고
공기는 숨 가쁜 자에게만 향기롭다

삶의 맛은 허기에서
삶의 향은 절실함에서 태어난다

그러니
비워라 목말라라
그때 비로소
삶이 살아난다

귀향

햇살 고운 초가을
고향 산자락 아래
먼저 떠난
내 가족 모여 사는 곳

하늘엔 흰 구름 흘러가고
밤송이 툭툭 터지며
다람쥐 발걸음 분주한
평화롭고 복된 땅

떠남은 허무가 아니라
새로운 고요의 문
사라짐은 끝이 아니라
다른 시작의 징표

내 삶의 종착역 또한
저곳을 향한
긴 여정의 귀향이리

사유(思惟)

짜악짜악 짜악짜악
지상으로 하염없이 내려
쏟아지는 빗줄기 듣고 보고 있다

가늘게 나누어지는 시원한 시간
끝없이 떨어져 흘러간다

어디로 갈까?
순환의 시작일까 끝일까

삶과 닮음이 있어 오래도록 창밖을 본다

천상의 속삭임

눈 밝을 때 세상의 아름다움을 담고
귀 맑을 때 고운 선율을 새기며
가슴 뛰는 동안 서슴없이 사랑하고
두 다리 튼튼할 때 세상을 걸어 다니소

부귀와 영화는 머물지 않고
남는 것은 오직 어떻게 살았는가 그 흔적뿐

비교하지 말고 조급해 말고
오늘은 가장 젊은 날
꽃과 새소리 가득한 계절을
그저 보고 걷고 웃으며 누리소

인생은 꿈꾸는 대로 가꾸는 것
마음 밭에 웃음꽃 피워
무조건 행복하소

두려움 없는 삶

꽃은 지는 것을 두려워하지 않는다
피어날 때는 온 힘을 다해 찬란히 피고
질 때는 담담히 바람에 몸을 맡긴다
그 용기 속에서 꽃은 더욱 아름답다

사람도 그러하다
손해를 따지지 않고
두려움에 갇히지 않으며
사람다움을 껴안는 삶
그 순간 비로소 진정한 빛이 된다

그렇게 사는 것이다

울어도
겨울 강물은 묵묵히 흐르고
웃어도
봄바람은 꽃잎 사이를 스친다

여름 햇빛에 눈이 부셔도
가을 들녘에 그림자가 길어져도
그런대로 살 만한 세상

원망하지 말고
미워하지 말자

우리는
눈송이처럼 하늘에서 내려와
한순간 반짝이다
풀잎 위 이슬처럼 사라지는 존재
그 자체로 이미 축복받은 빛

내 인생 네 인생
겨울 눈발 여름 소낙비처럼
다만 바람처럼

구름처럼 흘러가다
멈추면
그 자리에서
산이 되고
별이 된다

그렇게
바람과 함께 걸으며
구름과 함께 누워
이 땅 위에서
그렇게 사는 것이다

낙엽 소리 들으러

오늘은
낙엽의 목소리를 들으러 간다
그리고 그 속에서
우리의 이야기를 다시 주워 담는다

함양 대봉산 스카이랜드
바람이 길을 연다
낙엽이 그 위를 걸어간다

우리는 말없이 따라 걷는다
오래된 우정이
바람결에 흔들린다

사소한 웃음
뜨거운 커피 한 잔
붉게 물든 오후의 냄새

세상은 잠시 멈춘 듯
우리의 발끝에서만
시간은 흐른다

삶이란

이토록 단순하고

아름다워도 되는 일

온몸으로 피어나는 꽃

겨울은 막을 수 없고
봄은 재촉할 수 없다

자연은 제 길을 간다
때가 되면 피고
때가 되면 진다

꽃이 아름다운 까닭은
떨어짐을 알면서도
온몸으로 피어나기 때문이다

사람도 두려움 없이 살 때
그 삶이 빛나고
참 멋짐이 흘러나온다

봄빛은 잠깐
떨어질 줄 알면서
찬란히 선다

지는 것이 두려워
온몸으로 피어난다

이 순간이 영원처럼

오늘도 살아 있었다

밤마다 시가 내 꿈으로 스며든다
손에는 펜이 잔에는 술이 있다
둘 다 비우지 못한다

몸이 아프다
눈이 침침하고 손끝이 떨린다
그러나 단어 하나가 떠오르면
모든 통증이 멎는다
마치 누군가 내 안의 스위치를 켜는 듯

몸속엔 귀뚜라미가 울고
창밖엔 경적소리 들려온다
그 소리를 들으며 나는 문장을 다듬는다

새벽이 온다
시원한 물 한 모금 삼키며
거울 속 낯선 얼굴을 본다
그 낯선 사람이 나보다 먼저 웃는다

그래도 나는 한 줄을 쓴다
오늘도 살아 있었다